# CONSULTATION

SUR

## LE MÉMOIRE

DE

## M. DE MONTLOSIER.

A Clermont,

DE L'IMPRIMERIE DE THIBAUD-LANDRIOT,

LIBRAIRE, IMPRIMEUR DU ROI ET DE LA PRÉFECTURE.

1826.

# CONSULTATION



SUR

## LE MÉMOIRE

DE

## M. DE MONTLOSIER.

———

Mémoire *à consulter*. Tel est le titre que donne M. de Montlosier à un écrit qu'il vient de répandre. Je me persuade facilement que ce titre n'est qu'un prétexte. On n'imprime pas d'avance pour demander un avis à des jurisconsultes ; mais on prend cette voie, lorsqu'on veut associer le public à des pensées que l'on croit d'autant plus élevées, qu'on a de soi-même une plus haute estime.

Je suis disposé à croire qu'on veut régenter

plutôt qu'on ne consulte ; pourtant j'ai quelqu'envie de donner ma consultation, car j'appartiens par un bout à la famille, et elle est toute entière intéressée aux scandales révélés dans ce Mémoire.

J'avais déjà écrit : *Le conseil soussigné*...... Mais quelle audace ! Le noble comte ne s'indignera-t-il pas qu'un inconnu mette un bonnet de docteur, et essaye de monter jusqu'à lui ? Ne me rejettera-t-il pas dans la poussière ? Pourquoi donc ? Il a l'âme trop grande, les idées trop élevées, la contenance trop majestueuse, pour en être seulement ému. D'ailleurs, ce n'est pas lui que j'examine, mais son écrit. Or, qu'on en parle pour le louer ou le blâmer, peu lui importe, je pense : c'est du bruit qu'il a voulu faire. Si même quelqu'imprudent veut entrer en lice sur certaines questions, on aura fait un pas de plus. Remettre sur le tapis des disputes en matière religieuse ne serait pas un petit triomphe pour les hommes que la paix incommode.

Tous les journaux ont parlé de cet écrit, chacun dans le sens qui lui est propre. Les trompettes révolutionnaires ont sonné le triomphe de l'écrivain. Elles ne le faisaient pas de bonne foi ; mais, en bonne conscience, elles devaient célébrer la louange des profondes humiliations de M. de Montlosier à leur égard.

Quant aux feuilles royalistes, tout en reconnaissant le système honteux du Mémoire, quelques-unes ont hésité devant le nom de M. de Montlosier. Cette situation serait dangereuse pour la France ; il ne faut pas qu'elle croie qu'un homme sincèrement religieux, profondément royaliste, et sans autre ambition que l'amour de son pays, a pu écrire de pareilles pages. Je ne veux rien ôter à M. de Montlosier de son caractère personnel, mais je tiens pour constant que si on n'est pas rigoureusement obligé de juger un homme par ses œuvres, il faut juger l'ouvrage sans se laisser éblouir par le prestige d'un nom plus ou moins recommandable. C'est le moyen de préserver la société, sans manquer aux devoirs de la charité chrétienne.

Deux fois au moins, en sa vie, M. de Montlosier a eu besoin pour lui-même de Mémoires à consulter, sur d'assez grands intérêts ; il les appuyait, dit-on, de toute la force de son ascendant, et poursuivait avec ardeur une décision favorable. On dit encore que deux arrêts successifs prouvèrent qu'il s'était trompé. Pour un homme obscur ce n'eût été qu'un échec ordinaire ; mais n'était-ce que cela pour un écrivain qui se place sur un point si élevé ! Sans doute, alors on ne l'accusa pas de manquer de loyauté ; on ne supposa pas non plus qu'il manquait de principes ; il faut donc conclure qu'il manqua de jugement. Cela est d'un triste augure pour le *Mémoire à consulter*. Voyons s'il est plus judicieux, et ne doutons pas que M. de Montlosier ne plaide encore sa propre cause.

## CHAPITRE I<sup>er</sup>.

*Du principe qui a présidé à ce Mémoire.*

Un homme croyait avoir depuis long-temps marqué sa place dans les rangs élevés de la société, et la société lui rendait hommage. Une parole sublime, une pensée chrétienne, digne des premiers siècles de l'Eglise, et fort applicable à la France, l'avait immortalisé. Arrachez aux évêques leur croix d'or, ils porteront des croix de bois. *C'est une croix de bois qui a sauvé le monde.*

Depuis il a beaucoup écrit *en sens divers,* et il est demeuré célèbre ; pourtant il n'est ni ministre, ni pair de France, sans doute parce qu'il ne l'a pas voulu. Il vit au milieu de ses concitoyens, pour ainsi dire inaperçu, sans doute parce qu'il le veut encore.

Si cela est, cet homme est modeste ; il attend paisiblement dans sa retraite que son pays ait besoin de lui, que son Roi réclame ses services ; et si, pensant apercevoir quelque danger qui menace sa patrie, il se croit obligé d'en faire la révélation, il la fera sans doute avec cette circonspection qui est le propre de la modestie, cette sagesse qui est compagne de la vérité, ce respect qui est le caractère du sujet fidèle.

Si, au contraire, quelque secret dépit le tourmente ; si des passions tumultueuses dévorent son cœur, il oubliera ces caractères de la fidélité, peut-être sans cesser de vouloir être fidèle. Tout ce qui lui fait obstacle lui deviendra odieux. La vérité sera foulée aux pieds ; son prince même et les choses saintes ne seront plus rien pour lui ; il nous dira avec arrogance : Que les peuples et les rois me considèrent, qu'ils tremblent de mes révélations ; me voici avec une puissance ; qu'on écoute et qu'on me réponde ; c'est moi.

« Un vaste système..... une vaste conspira-
» tion..... s'est élevée. Je l'ai aperçue *à son*
» *origine*, je l'ai suivie *dans ses progrès*, je la
» vois *au moment de nous couvrir de ruines*.
» Cette situation m'étant connue, selon ma
» conscience, je dois la combattre ; selon nos

» lois, JE DOIS la révéler. » Voilà le début; c'est au moins celui d'un homme important, qu'il faudrait croire instruit de bien des choses, et appelé à de hautes destinées.

Plus loin, avec ce ton dédaigneux qui méprise tout :

« Rois de la terre, J'AI VU votre grandeur; » guerriers, J'AI VU votre gloire; Crésus du » temps, J'AI VU vos efforts pour amasser des » richesses. Jeune encore, j'ai pu admirer » ces merveilles. ».......... Il m'a semblé entendre le prophète : *J'ai vu l'impie adoré sur la terre.*

C'est ainsi qu'en décrivant, en 1815, *les désordres de la France*, le même auteur disait: « Comme je ne sais, *par rapport* A MOI, aucun » moyen de changer cette situation, *je dois* » accepter *comme* MON *bien* tout ce qui en est » l'apparence. » Il semble que le bien public est concentré dans ce MOI, et que tout ce qui est en dehors de ce MOI est indifférent au salut de la France.

En mesurant partout avec cet orgueilleux dédain les rois et leur gouvernement, les pontifes et les choses saintes, la religion et le Saint-Père, les émigrés et leurs phalanges, le noble comte sent le besoin de s'appuyer sur quelque chose; et pendant qu'avec des tournures respectueuses en apparence il travaille à déconsidérer le trône, il s'humilie jusqu'à terre devant les journaux de la révolution. Ce monstrueux et ridicule amas de respect et d'irrévérence, d'arrogance et d'humiliation, de religion et d'impiété, ne doit étonner personne ; c'est le propre de l'orgueil ; il se bouffit pour s'élever, et Dieu veut qu'il s'abaisse lui-même.

Au reste, qu'on n'aille pas croire qu'il ne s'agit que de cela ; des vues ultérieures ont échappé, et l'ambition qui les accompagne perce trop pour rester inconnue. Voyez à la page 106, et M. de Montlosier vous parlera *d'une monarchie qui s'est placée sur certaines bases qui peuvent paraître nouvelles ; d'une Chambre des pairs nouvellement et assez singulièrement composée ; d'une noblesse* QUI VOUDRAIT AVOIR UN CORPS, *et qui n'est qu'une ombre.*

Ailleurs, il vous dira qu'on a *manqué de respect pour nos anciennes institutions,* parce que, *par un concert des rois, des parlemens et* DU CLERGÉ, *la féodalité était devenue un objet d'accusation générale.*

Plus loin, que le rétablissement du *gouvernement féodal serait difficile, mais qu'il ne lui paraît pas impossible....., quoique la France l'ait en aversion ;* il dit enfin que dans *le servage* il y a *des compensations.* Ne recherchons pas plus avant, n'ajoutons pas même cette comparaison mal sonnante des femmes et des rois, à propos de servage : en faut-il davantage pour être convaincu que, si on avait rendu à la noblesse ses priviléges, si, mieux encore, on avait recréé le servage avec la féodalité ; si M. de Montlosier était devenu pair de France ou ministre d'état, le Mémoire à consulter serait resté au fond d'une écritoire ? Serait-ce avec cela qu'il a fait la conquête des libéraux ? Qu'ils lisent donc, et ne doutent pas que cet homme, qui leur fait espérer de le conquérir parce qu'il veut paraître impie, et qui, cependant, *va quelquefois à la messe de sa paroisse,* s'y rendrait périodiquement, si, à des époques déterminées, le curé, en surplis et en étole, peut-être même en chape, était obligé, par des règlemens féodaux, à lui offrir les hommages de l'encensoir.

En 1815, il se plaignait de ce que *les royalistes purs se séparaient* de celui qui était *constitutionnel.*

Il s'étonnait ensuite qu'on ne le regardât pas comme *un ami de la France et de la patrie,* parce que celui-ci ne connaît de patrie et de France que depuis Louis XIV, celui-là, depuis Roberspierre. *Tous, dès qu'on leur parle de féodalité, prennent l'épouvante.* ( Discours préliminaire. )

La France chrétienne aime la monarchie, mais elle la veut *avec ses bases nouvelles ;* elle s'honore de *sa noblesse ;* elle lui a donné *un corps*, qu'elle n'avait pas autrefois, en l'appelant au gouvernement, dans la Chambre des pairs ; mais elle la veut sans des priviléges qui avaient été faits *dans d'autres temps et pour d'autres temps ;* elle a appelé spoliation le refus des rentes foncières, sous prétexte d'un mélange de féodalité, mais elle ne veut pas *de servage*, parce qu'il dégrade l'homme, et que, devant Dieu, les hommes sont frères, comme devant la loi ils sont égaux. Voilà pourquoi M. de Montlosier ne veut ni religion ni prêtres. Il ne dissimule pas que sa haine provient de ce que, peu après son retour de l'émigration, il a vu, *au lieu de la chevalerie, des moines; au lieu de la noblesse, la congrégation.* Il laisse apercevoir qu'elle remonte plus haut ; cet accord *des rois et du clergé*, pour supprimer le servage, pourrait bien en être le premier, et peut-être l'unique principe. Si aujourd'hui il pouvait ressaisir l'arme de la féodalité, et soumettre son pays à la glèbe, il prendrait encore ombrage du prêtre vertueux qui ac-

courrait auprès de ses ouailles pour les con-
soler de leur asservissement, et les exhorter
à la résignation.

C'est un malheur, il faut en convenir,
que Dieu nous ait fait naître avec des oreilles;
on a beau vouloir les cacher, il faut toujours
qu'elles se montrent par quelqu'endroit.

Je prouverai, dans les chapitres suivans,
que M. de Montlosier, d'ailleurs *revêtu* de
science, parle de beaucoup de choses qu'il
ne connaît pas ; qu'en rêvant *le système de la
congrégation*, il a fait une véritable *fantasmagorie ;* qu'après tout, les jésuites et les ultramontains, les congréganistes et le *parti-
prêtre*, ne sont que des enveloppes qui cachent
quelque chose. Quel est donc le véritable but?
Voudrait-on se rendre redoutable parce qu'on
est oublié? ou viser, au besoin, à avilir la religion que l'on déteste, et à déconsidérer le
trône, dont on est mécontent? Il y aurait à
cela de l'audace, sans doute, mais peut-être
aussi de quoi flatter la vanité.

Il est donc facile de reconnaître les principes qui ont dominé, lorsqu'on a jeté ce
brandon sous les marches du trône. Quand
Erostrate voulut faire parler de lui dans l'univers, il mit le feu au temple d'Ephèse.

# CHAPITRE II.

*De l'esprit qui règne dans le Mémoire à consulter.*

Des hommes éclairés, vrais défenseurs du trône et de l'autel, ne manqueront pas, sans doute, de relever, dans cet écrit, les graves erreurs qu'il renferme sous les rapports historiques. Ils montreront, je n'en doute pas, que son auteur ignore ce que c'est, au fond, que les doctrines ultramontaines, et les libertés de l'Église gallicane, et peut-être lui apprendront-ils que rien n'est plus dangereux que de parler de ce qu'on ne sait pas bien. En lisant sa liste de *pendus* (car la potence marche à la suite du *servage*, dans l'esprit de certaines gens), quelque âme charitable saura bien y remarquer des hommes qui furent certainement des martyrs de la foi ; pour moi, qui ne porte pas mon vol si haut, je me borne, je l'ai déjà dit, à montrer l'esprit et le but de ce pamphlet, où le Saint-Père conspire contre la religion, le Roi contre le trône, la grande masse de la nation contre ses propres libertés ; tout cela, je viens de le dire, n'est qu'une grossière enveloppe, et je veux la déchirer, afin que tout le monde voie clairement ce qu'elle renferme.

Le christianisme regarde comme vertus primitives et essentielles « cette abnégation » continuelle de ce qui, dans soi-même, sert » d'appui aux passions et à l'amour-propre.... » la résignation et l'abandon total de tous les » intérêts humains à la conduite de la Pro- » vidence.....

» On ne peut être à Dieu autant qu'il le » mérite sans ...... devenir humble et pa- » tient, obéissant et charitable, régulier et » pauvre, chaste et mortifié tout à la fois. » N'en déplaise à notre docteur, c'est un jésuite qui s'exprime ainsi (le père Judde), et ce n'est pas moins la morale de l'Évangile. Comment donc l'orgueil et l'ambition réunis pour- raient-ils espérer de remuer le monde, s'ils ne commençaient par renverser cette bar- rière ? Il faut donc proclamer des doctrines impies, mais les environner d'un certain prestige.

Le Roi sur son trône pratique la religion de l'État ; il en protége le libre exercice ; dès lors, avec quelques termes de respect pour le Prince, il faut déconsidérer le Roi pieux.

Je ne dis pas pour cela que M. de Montlosier n'a pas de religion. Il est chrétien presqu'au- tant qu'un archevêque. Pendant que M. l'abbé de Pradt fait paraître un livre sur *le jésuitisme,* il nous lance à la tête un *Mémoire à consulter* qu'il semble diriger contre les jésuites et les ultramontains. Ces deux écrivains vont donc se trouver au pair. On dit que non, parce qu'il paraît en eux deux différences essentielles; l'une, que *le jésuitisme* de M. de Pradt est écrit avec une demi-finesse et une sorte de modération; l'autre, que M. de Montlosier est membre de l'Académie de Clermont. J'ai entendu conclure de là que l'Académie doit regretter de deux choses l'une; ou d'avoir refusé d'admettre dans son sein l'ancien archevêque de Malines, ou d'y *avoir trouvé* l'auteur du Mémoire à consulter.

Qu'est-ce que cette congrégation qui paraît l'avoir principalement occupé? où est-elle? que fait-elle? est-ce celle des jésuites? seraient-ce les *franciscains* ou les *dominicains*, qui font si fort ombrage à *François-Dominique* Renaud comte de Montlosier? sa congrégation est-elle religieuse ou politique? Il a failli remonter jusqu'au déluge pour nous prouver qu'il n'en savait rien.

Que ceci soit vrai ou ne le soit pas, il a ouï dire, comme beaucoup d'autres, que sur la fin du despotisme de Napoléon, des amis sincères de la monarchie avaient des relations plus ou moins directes avec la famille royale;

que dans les premiers momens de la restauration ils ne se désunirent pas ; que l'usurpation de 1815 ne fit que ranimer leur zèle ; qu'après le retour du Prince , l'association dura quelque temps encore, et qu'elle avait son sommet *au pavillon Marsan.* Si cela était vrai, il paraît que le noble comte n'y fut pas associé. Il a eu beau se tourmenter , il n'a pu en connaître ni en deviner les prétendus secrets ; il en convient lui-même ; et voilà pourquoi, voulant faire penser qu'il savait au moins quelque chose de ce qui se passait dans *les hauts grades,* il a rêvé *des sermens reçus par les jésuites,* et sa *fantasmagorie* de congrégation, qui se compose de tout ce qu'il n'a pas pu découvrir , et de laquelle il fait naître *le gouvernement occulte.* Je ne m'étonne plus que cet illustre champion de nos libertés, qui voulait un *roi chevalier,* j'ai presque dit *féodal,* ait senti des nausées insupportables lorsqu'il a cru voir sur le trône un roi religieux, qu'il qualifie *roi dévot.* Il n'a pas osé pousser l'indiscrétion plus loin sur cet article, en ce qui concerne la personne sacrée.

En revanche, il associe ouvertement à sa congrégation *quelques évêques et une partie du clergé rebelle, qui s'intitulait la petite église.* Ici, où il n'y a rien de mystérieux, M. le comte aurait pu savoir ce que c'était que *la petite église*, et il n'aurait pas dû ignorer que spécialement en Auvergne, où il habite, elle se réduisait à deux ou trois hommes égarés ( je n'en ai connu qu'un seul ), éloignés du clergé comme des fidèles, et de toutes fonctions sacerdotales.

Au reste, quelques phrases extraites de son livre suffiraient pour en connaître l'esprit.

Comment nomme-t-il les prêtres et les pontifes? *les préposés à la religion.*

Je ne sais pas si le chef de l'église est compris dans ce mauvais propos; je suppose que non : sans doute que M. de Montlosier regarde le Saint-Père comme un directeur général de contributions indirectes, lequel a ses préposés ; et je ne sais pas pourquoi il ne me serait pas permis de penser qu'à sa manière la multitude ne devrait plus voir dans les ministres de l'Eglise, que *les commis* du pape. Mais puisque nous parlons de religion, où donc l'auteur du Mémoire, cet ange de lumière, qui la répand sur les plus épaisses ténèbres, aurait-il pris que le sacerdoce émane de saint Pierre? est-ce qu'il ne serait plus de foi qu'il a été institué par Jésus-Christ?

Plus loin : *Le parti-prêtre.* Jusqu'à présent on avait connu le terme *anti-prêtre*, pour dé-

désigner les ennemis de la religion chrétienne, mais aucun impie, que je sache, n'avait encore osé comprendre l'état ecclésiastique sous l'odieuse qualification de *parti-prêtre*. Je ne la crois pas d'émanation divine comme le sacerdoce ; mais que penser des opinions et de l'esprit de celui qui l'a inventée ?

En 1815, la doctrine de l'auteur n'était pas à ce degré de perfection : après s'être plaint de tout le monde, il disait :

« Il me restait ces *bons prêtres*, que j'ai au-
» trefois assez bien servis. Je les vois derniè-
« rement s'égarer comme les autres ; je les
« avertis, et je les attriste. »

Au reste, en continuant sur cette matière, l'auteur nous apprend que *le peuple chrétien est révolté de l'envahissement des prêtres*, et l'Europe protestante *partage cette disposition.* Voulez-vous savoir où il puise ses preuves ? dans les écrits *des protestans.*

N'allez pas croire pourtant que M. de Montlosier soit un hérétique. Plus loin, dans un chapitre entier qu'il consacre à établir la différence *qu'il fait* entre la vie chrétienne et la vie dévote, il vous dira :

« Dans la vie chrétienne, *l'accessoire de la*
» *vie est à Dieu*, le fond aux affaires et aux
» occupations humaines, tandis que dans la
» vie dévote c'est tout le contraire.

» La vie chrétienne mêlée avec la vie dé-
» vote, devient inapplicable au mouvement ;
» et alors l'irréligion devient une nécessité. »

Enfin, *on a chargé la morale de rites* ( parmi ces rites sont les sacremens ); tandis que le premier principe du christianisme doit être *une pleine liberté* de le pratiquer si l'on veut et comme chacun veut.

Le doucereux théologien l'a-t-il bien compris ? pourrait - on lui demander si cela est encore coulé de sa plume par une inspiration divine ? S'il n'a pas oublié son catéchisme où est la religion toute entière, il savait bien, en écrivant, que la vie chrétienne et la vie dévote qui sont une seule et même chose, consistent à pratiquer la religion le mieux possible, chacun selon son état et sa position ; que la vie de l'homme *toute entière appartient à Dieu,* mais que les moralistes les plus sévères condamnent l'homme public et la mère de famille, l'artisan et le cultivateur qui négligeraient leurs devoirs pour *des pratiques* de pure dévotion. Il savait encore que beaucoup d'hommes du monde, qui remplissent les devoirs de leur état avec exactitude et activité, sont néanmoins dans ce qu'il appelle la vie dévote, parce que tout y consiste à faire ses actions par un principe d'amour de Dieu. Il n'ignorait pas davantage que la religion dépourvue de rites n'est autre chose que l'hérésie, lui surtout qui, soupirant après la féodalité, la réclame *avec tous ses rites.*

Et voilà pourquoi *l'irréligion* qui *est devenue*
pour M. le comte *une nécessité* du moment,
a répandu son esprit dans toutes les parties
de son Mémoire.

## CHAPITRE III.

*De la manière dont le Mémoire entend le chris*
*tianisme et ses préceptes.*

Je viens de parler de l'amour de Dieu. A ce
sujet, j'ai cru un moment que j'avais mal
jugé cet écrit, et que j'allais me raccommoder
avec l'auteur. En parcourant un chapitre
sans en avoir vu les premières lignes, j'ai lu
distinctement cette maxime de saint Augustin,
*Dilige, et fac quod vis.* Un peu plus loin, j'ai
remarqué ces paroles de l'Écriture : *Jugum*
*meum suave est, et onus meum leve;* et croyant
comprendre ces textes, croyant surtout savoir que la loi d'amour a cette influence,
parce que « comme loi intérieure, elle adou
» cit ce que les lois extérieures ont de dur et
» de rebutant » (c'est encore un révérend Père
qui le dit), je me disais à moi-même : Nous

voilà revenus aux vrais principes du christianisme, et même de la plus éminente piété. Réfléchissant cependant à ce que j'avais déjà lu, je me demandais : Où cela nous menera-t-il? Tout en hésitant, j'étais loin de m'attendre à un tel mécompte.

Je lis plus loin, et je vois que le précepte n'est autre chose qu'*une pleine liberté* d'aimer, et qu'à raison de ce, les commandemens ne sont pas difficiles : *mandata non sunt gravia.* On aurait dû achever ce texte de saint Jean, *quoniam omne quod natum est ex Deo vincit mundum;* ce qui veut dire que tout est facile à celui qui a vaincu ses passions.

Je poursuis, et je lis encore que si le joug du Seigneur est doux, c'est parce que *l'Eglise a été instituée pour effacer les péchés et non pour les multiplier,* comme elle le fait par ses préceptes et ses rites; car *en multipliant les devoirs, on multiplie les infractions.*

Je ne m'étonne plus alors des déclamations contre les missionnaires, qui *d'un pécheur font un impie,* parce qu'ils l'appellent au repentir, tandis qu'*il ne veut pas se repentir encore;* qui troublent cette *spontanéité qui est le premier besoin des consciences,* en voulant *convertir le mari par la femme et la femme par le mari.*

Si M. de Montlosier appelait liberté de conscience la faculté d'être ou de n'être pas chrétien, sans que l'autorité publique pût y contraindre, je ne lui répondrais rien ; mais il veut que, dans l'ordre spirituel, le ministre de l'évangile ne se croie plus appelé à *la conversion* et à la sanctification des âmes, et qu'il s'interdise les moyens d'instruction, d'exhortation, de persuasion, dont cependant l'éternel législateur lui a fait un précepte, en lui donnant cette mission divine : *Ite, docete omnes gentes, baptisantes eos.......* Ainsi, d'après lui, en prêchant l'obligation de se convertir, les prêtres sappent la religion par ses fondemens.

Aussi il se demande *pourquoi, malgré les prêtres, il y a encore de la religion en France.* La réponse ne se fait pas attendre. « C'est parce que l'Eglise ressemble à une fontaine. L'accès de la fontaine est libre ; mais l'eau est un des premiers besoins de la vie. Ainsi on viendrait de même à la fontaine quand une loi l'ordonnerait. Dieu est un besoin comme l'eau, et voilà pourquoi l'homme qui ne veut pas être poussé vers Dieu, vient néanmoins à l'église, quoiqu'on le lui ordonne. »

Comment accorder cela avec la certitude

des préceptes, notamment celui de la confes-
sion? Rien de plus facile : *Ce sont des règles
faites dans d'autres temps, et peut-être* POUR
D'AUTRES TEMPS.

J'avoue que j'étais loin de deviner cette
manière d'entendre l'amour de Dieu et les
paroles de saint Augustin. J'allais me demander si, avec cette morale, qui est au moins
du quiétisme, la religion et la société elle-
même pourraient subsister long-temps, lors-
que, pensant que je n'avais pas lu le commen-
cement du chapitre, j'y ai jeté les yeux,
et remarqué ce passage qui m'aurait ouvert
l'intelligence, si j'avais commencé par là.

« Arrivé à cette première agonie, qu'on
» nomme vieillesse, il ne me reste qu'une
» chose à prononcer : Aimer est quelque
» chose; tout le reste n'est rien. »

Je ne comprenais pas bien encore le véritable sens de ces paroles ; je ne pensais pas
qu'un amour quelconque, l'amour charnel,
par exemple, pût être l'âme de *cette liberté
immense, indéfinie......, qui est la première di-
gnité de l'homme*, et que c'est là le sens du passage de saint Augustin. Mais j'ai lu encore :

« Partout les espèces se recherchent et
» s'affectionnent : la vieillesse n'en est pas
» exempte ; mais le vieillard, *repoussé de
» toutes parts, se réfugie vers Dieu.*»

Aussi : « Aimer est la loi du christianisme,
» et, de plus, c'est toute la loi. »

Mon âme se glace en parcourant ces lignes
impures, ces pensées du matérialisme ; mais
je regarde encore, et je vois, pour prouver
le besoin de la spontanéité, et l'indiscrétion
des missionnaires, qui remuent les consciences :

« Celui-ci *vient de se marier :* vous lui dites
» de penser à la mort ; *il veut penser à la vie.* »

Plus loin encore, je trouve une page entière et des vers lascifs, qui échappent à la
plume de l'écrivain. Il semble répandre sur
son papier tout ce qui lui reste de lubricité ;
il l'introduit jusque dans les sacrifices que
s'impose le prêtre en se vouant au célibat.

Je me suis affligé pour M. le comte, de
l'entendre parler de ses cheveux blancs. Je les
tenais pour respectables. Pourquoi les com-
promet-il parmi ces restes inanimés d'une vo-
lupté qui s'éteint, si ce n'est parce qu'il sou-
pire après la jeunesse qui n'est plus, ou qu'il
a *détourné les yeux pour ne point voir le ciel,*
comme ces vieillards dont parle l'Ecriture.

Je conçois alors que la religion n'est pas
*une science transcendante,* ni même une science
qu'il faille enseigner ; chacun l'apprend de la
nature, au jour de la puberté.

Telles sont cependant les armes du Mémoire contre l'Eglise et ses préceptes. Cela me suffit pour reconnaître qu'au fond il ne s'agit ni des enfans de saint Ignace, ni des missionnaires de saint Vincent de Paule, si ce n'est parce que ces institutions tendent à faire observer les préceptes du christianisme. Mais que peuvent ces ridicules efforts de l'impiété? N'est-il pas écrit que l'Eglise traversera les siècles, et que les portes de l'enfer ne prévaudront pas contre elle? Quarante ans qui viennent de s'écouler, n'ont-ils pas mis à l'épreuve cette parole divine? Je me suis encore demandé si le noble comte voudrait être un délégué de Satan? J'ai ponsé que non; mais, en y réfléchissant un peu, il m'a paru qu'un être plus obscur pourrait peut-être y trouver de la gloire. L'ange de ténèbres ne dédaigne pas les services du plus petit individu; mais il ne donne pas ses pleins pouvoirs à tout le monde.

## CHAPITRE IV.

*Comment le Mémoire entend les mœurs.*

Après avoir lu tout cela, j'ai trouvé, sans intermédiaire, l'annonce d'un chapitre entier sur les mœurs. Il m'a fallu lire une seconde fois ce titre singulier, pour croire que mes yeux ne m'avaient pas trompé. Je me suis attendu dès lors à quelque chose que je ne comprendrais pas. Il ne m'a pas fallu long-temps pour me convaincre que j'avais deviné juste.

Il était tout simple de placer *les mœurs hors la religion*, puisque si on la prend pour ce qu'elle est, avec ses rites et ses sacremens, l'auteur la repousse comme un objet de haine; et si on la place dans la faculté *indéfinie* d'aimer ce qui plaît davantage, elle est absolument incompatible avec les bonnes mœurs. Donc, dans un cas comme dans l'autre, il ne fallait pas en faire le fondement de l'édifice.

On va plus loin : suivant le Mémoire, *la religion ne fait pas les mœurs*. Cette proposition est un peu plus tranchante sans être plus intelligible. La religion chrétienne, avec ses croyances, n'est autre chose que la morale perfectionnée. Or, quand on pourrait hasarder cette proposition singulière que la morale ne fait pas les mœurs, il serait constant au moins qu'elle les épure, qu'elle les redresse, qu'elle les fortifie; et si quelquefois elles deviennent un fardeau, la religion avec ses rites, ses maximes et ses consolations, nous aide à le supporter.

Voilà tout ce que j'ai pu conclure de ce chapitre, car je n'ai pas trouvé plus de sel que de justesse à ces citations qu'on a appelées des exemples, *d'un seau de lait* qu'en Suisse *on porte à la fabrique commune* (de beurre ou de fromage, peu importe); d'un pays d'Allemagne où *il n'y a point de loups*, et de l'Italie qui fourmille de voleurs, malgré ses missionnaires et ses croyances. Tout cela n'a été pour moi que du pathos; mais c'était le résultat infaillible des mœurs, ou, pour mieux dire, de la moralité de ce Mémoire. Pourquoi le génie de Pascal est-il enseveli dans le tombeau? Avec ces textes, et sans avoir besoin de les tronquer ni de les mettre en lambeaux, il eût pu très-canoniquement recommencer les Provinciales au bénéfice de l'auteur du *Mémoire à consulter*.

## CHAPITRE V.

*De la piété des rois et du respect envers les puissances.*

Après toutes ces pages irréligieuses, toutes ces feuilles entassées pour travestir le christianisme, il fallait bien arriver au souverain qui le pratique, et lui montrer à quoi *sa vie dévote* expose et la France et le trône. Cette position était délicate, mais il n'y avait pas moyen de la franchir. Lisons :

« Il s'élève d'en haut, d'en bas, à côté, un
» mouvement renforcé de jésuites et de con-
» gréganistes qui, se présentant au peuple,
» comme ayant la faveur du Roi, aliène l'af-
» fection publique, et, dans un état mal orga-
» nisé, prépare des prétextes à la révolte. »
Plus loin :

« Si la France qui veut être chrétienne,
» mais qui ne veut pas être dévote, se trouve
» sous un Roi *qu'on dit être* dévot, circon-
» venue par des hommes de la vie dévote......
» la liberté des consciences, la spontanéité
» des actes religieux se trouve menacée. »
Ce style n'est pas assez dubitatif pour hé-siter sur l'application qu'on a voulu faire.

Je ne conteste pas le besoin de la liberté des consciences ; mais j'ai déjà montré comment la veut M. de Montlosier ; je ne puis pas l'entendre comme lui. S'il ne faut pas que les ministres de l'Église absorbent la puis-sance temporelle, ce n'est pas une raison pour qu'on les jette isolés et répandus çà et là, comme les Juifs, sur la surface du globe, moins encore pour vouloir que la puissance spirituelle et qui n'agit que sur les consciences, soit dominée par le pouvoir temporel, avec le droit de la traverser quand il lui plaira.

A ce sujet j'ai retrouvé à deux endroits du mémoire, un mot jeté, comme par hasard, en sentinelle perdue, sur les refus de sépulture. Cela n'est pas sans intention.

Sous Louis XVIII, dit-on, un curé refusa l'entrée de son église ; un ordre du Gouvernement en fit ouvrir les portes. Sous Charles X, une pareille question se présente , *et le Gouvernemont déclare n'avoir aucune autorité.* Voilà de l'usurpation par la puissance spirituelle : voilà une concession dangereuse faite par le Gouvernement. C'est un des premiers résultats de ce que la France, *sous un Roi qu'on dit être dévot, est circonvenue par des hommes de la vie dévote.*

Est-il possible de pousser plus loin le délire?

Si les hommes revêtus de la puissance spirituelle étaient appelés comme ministres aux actes de l'état civil, il pourrait y avoir à cette question quelque chose de spécieux, et pourtant on ne pourrait l'élever qu'en faisant une confusion évidente de l'autorité civile et du ministère spirituel. Dans ce cas-là même, en effet, il serait aussi ridicule au pouvoir civil d'obliger le prêtre à décerner les faveurs de l'Église à un païen ou à un Juif, qu'il serait absurde à un curé, parce qu'un Juif lui présenterait un nouveau-né pour rédiger son acte de naissance, de prétendre qu'il a le droit de le faire conduire aux fonts baptismaux, quoique cela pût être dicté par le zèle évangélique.

Mais la loi n'a pas même laissé ce prétexte. *A ses yeux*, l'inhumation comme le mariage sont des actes appartenans à la vie civile, et les cérémonies religieuses n'y sont que des accessoires qu'elle ne commande pas, mais dont elle permet à chacun d'user comme bon lui semble, et selon sa religion. Aussi le Code pénal, en considérant comme infraction à la loi civile, la célébration précipitée du mariage religieux, ne s'est pas occupé des sépultures ecclésiastiques, parce que l'obligation civile de l'inhumation réside toute entière sur les commissaires de police, ce qui n'ôte pas, *pour les chrétiens*, la surveillance des abus dans l'ordre spirituel, par l'autorité des Évêques.

Et on voudrait que le ministre de l'évangile, à qui on refuse jusqu'à la faculté d'appeler les hommes à la pénitence, fût obligé, *par l'autorité civile*, de recevoir, après sa mort, celui qui a repoussé la religion jusqu'au dernier moment de sa vie !

C'est-à-dire, que tandis que le clergé sera renfermé dans l'enceinte du temple, il n'y sera pas en pleine liberté ; que, s'il plaît à une secte impie, même pendant le sacrifice, d'y transporter le corps d'une actrice, entouré d'une troupe de comédiens, ou d'y exposer le cadavre d'un protestant, d'un païen ou d'un impie, mort en proférant des juremens d'incrédulité, il faudra qu'au mépris des lois de l'Église, le pasteur courbe sa tête vénérable sous l'autorité d'un commissaire de police, et qu'il chante l'office des morts, sachant bien qu'il insulte à la majesté divine, ou que, désertant la garde du sanctuaire, il livre le lieu saint à ces comédiens, pour y profaner les cantiques de l'Église, ou y entonner des chants obscènes !

C'est-à-dire, enfin, que la liberté sera partout, excepté dans les consciences chrétiennes et l'exercice de la religion de l'État ; mais que pour l'opprimer, on aura *pleine licence !*

Dieu soit loué ! nous n'en sommes pas là ; mais c'est pour n'avoir pas voulu l'autoriser par la force des baïonnettes, qu'on demande une consultation sur le degré de criminalité du gouvernement du Roi. Ce n'est pas tout : il est d'autres manières de déconsidérer le monarque.

Dès 1815, M. de Montlosier prédisait la décadence du trône. Il parlait ainsi de *sa fidélité à nos princes.*

« *Espérer pour eux quand il n'y a plus d'es-*
« *poir*, s'efforcer toujours, même vers l'im-
« possible, voilà ce qui est beau ; dans çe
« cas, *se retourner vers sa patrie*, c'est sensé,
« mais ce n'est pas aimable. »

Depuis quand y a-t-il si loin du prince à
la patrie, qu'il faille abandonner l'un pour
*se retourner* vers l'autre? Aussi ajoutait-il : *Je
sens un mur de fer entre la pensée publique et
la mienne.* Il a dû s'étonner que sa prédiction
ne fût pas accomplie. Il continue ainsi dans
son Mémoire :

« Jamais l'avénement d'un roi de France
» ne s'est montré sous des aspects plus rians....

» Deux ans se sont à peine écoulés, j'ai à
» décrire une autre phase,..... Qu'est-ce que
» ce silence inaccoutumé?

» Dans le même temps je vois passer sous
» ma fenêtre un convoi funèbre : cent mille
» citoyens l'accompagnent.

. . . . . . . . . . . . . . . . . . . . .

» Il faut rechercher les causes de cette
» différence. »

Louis XIV était un grand roi ; *il meurt
couvert de malédictions, parce qu'il était plié
sous une femme et sous un prêtre.*

Même exemple tiré de Louis XV;

Et immédiatement :

( 33 )

« *J'ai trouvé, par cela seul, les causes que je*
» *cherchais :* qu'un peuple soit libre ou ne le
» soit pas, *il lui déplaît d'avoir un chef asservi.* »

*Et voilà les causes d'une certaine décadence
dans la popularité du Roi.*

J'ai laissé le noble comte vanter immédiatement son respect pour la monarchie, ajouter
même des éloges sur *la vie dévote* du Monarque,
et ici le respect m'a imposé silence. La voix
d'un simple citoyen n'est pas nécessaire à la
majesté royale pour la défendre contre ces
comparaisons odieuses autant que fausses.

## CHAPITRE VI.

### *De la conclusion du Mémoire.*

Je ne copie plus, mais je résume les der-
niers chapitres de M. de Montlosier.

Il a exposé les dangers qui menacent son
pays ; il a dévoilé une conspiration immense,
redoutable. Ce n'est pas tout : il l'a fait pour
y apporter remède, et il ne le peut que par
ses avertissemens.

Mais où suis-je, semble-t-il nous dire ?
J'interroge l'univers, et rien ne répond à ma
pensée. Je signale des crimes, et aucun de
ceux à qui je m'adresse n'a rompu le silence.
Que devenir ? A qui ferai-je spécialement la

sommation de veiller à la garde du trône et au salut de mon pays !

Sera-ce aux hommes du gouvernement? *Ceux qui entourent le Roi* sont les premiers coupables.

A la Chambre des pairs? *Assez singulièrement composée*, je ne la connais pas bien.

A la Chambre des députés? La congrégation y règne. On y compte cent cinq ou cent cinquante congréganistes; je ne sais lequel.

Au Ministère public? Il est paralysé.

A la Cour royale de Paris? Elle a déclaré un journaliste coupable, sans le punir. Elle a tonné contre ma conspiration, et elle s'est endormie.

Où me réfugierai-je donc?

Je m'adresserai individuellement à chaque magistrat des Cours royales, puisque, par un décret de 1810, chacun d'eux a le droit de requérir l'assemblée des compagnies, pour y faire mander le Procureur général.

J'appellerai *messieurs les jurisconsultes* à me donner leur avis.

Je n'ai pas pleine confiance dans le succès; mais il me restera le droit de pétition. Collectives ou individuelles, peu importe, ce n'est pas la question; et si je ne produis aucun effet, si je n'obtiens aucun résultat;

quelque jour, et après de nouvelles méditations, je reparaîtrai dans l'arène.

Au moins, et dans tous les cas, devra-t-on me tenir compte de mes intentions, comme Dieu qui promet *la paix sur la terre aux hommes de bonne volonté.*

A cet endroit, Dieu merci, j'ai trouvé la la clôture.

S'il s'agissait réellement d'ultramontains et de jésuites, mon avis ne serait pas équivoque.

Sans aborder des questions qui sont au-dessus de moi, et que je crois toujours dangereux d'agiter, je ne croirais pas me tromper en disant que, hors les états romains, le Pape n'exerce qu'une juridiction spirituelle; qu'il commande aux sujets d'obéir à leur souverain, comme aux enfans de respecter leur père, et que rien ne menace les libertés de l'Église de France. S'il était vrai que dans des livres que je ne connais pas, et que je n'ai pas besoin de connaître, on eût naguère enseigné des maximes dangereuses ou exagérées sur la puissance du Pape, ce qui serait au moins fort inutile à l'intelligence et à la prospérité de la religion chrétienne, ce serait la faute de l'esprit d'un homme, et non celle du sacerdoce. La religion chrétienne n'en serait ni moins divine, ni moins belle, ni moins consolante, ni moins honorable pour la plus noble créature qui soit sortie des mains de Dieu.

Je penserais encore qu'on peut être bon chrétien sans être jésuite ; ce que je ne dis pas, tant s'en faut, comme un mot d'approbation pour les antagonistes de cette société; mais on ne saurait devenir ni chrétien, ni moraliste, ni bon Français, si je ne me trompe, avec les doctrines du *Mémoire à consulter.*

Sans me ranger sous les étendards de M. de Pradt, je pourrais dire avec lui que l'influence des jésuites ne peut outrepasser aujourd'hui *la direction de quelques colléges : une plus haute ambition n'est plus permise au jésuitisme. Le temps a rabaissé son vol à ce niveau* (p. 270).

Mais j'ajouterais qu'ils peuvent être fort utiles et presque nécessaires à l'éducation ; et que jamais on ne dut mieux sentir le besoin de diriger autrement l'éducation de la jeunesse.

« Il est tout naturel, dit quelque part un
» coryphée des impies (*Diderot*), de choisir
» les maîtres dans le clergé....... C'est là où
» le célibat n'est pas suspect, parce qu'il y
» est de règle ; *c'est là où la doctrine et les*
» *mœurs se rencontrent le plus souvent réunies,*

» parce que leur union y est nécessaire plus
» que partout ailleurs........ *L'éducation fait*
» *partie nécessaire du ministère de la religion,*
» *qui appartient proprement au clergé* (1). »

Enfin je dirais qu'il faut enseigner, dès le bas âge, la science fort simple de la religion et de la vertu ; qu'il faut en arroser les jeunes plantes, si on ne veut pas qu'au moment où le cœur fait connaissance avec les passions, le cœur et l'esprit à la fois ne soient desséchés par l'immoralité révolutionnaire.

Mais si je prends le Mémoire pour ce qu'il est réellement, mon avis sera plus positif encore.

Il sera lu de beaucoup de monde.

Il sera approuvé de tout ce qui est profondément irréligieux, dans toutes les opinions.

Les hommes libéraux l'auront bientôt jugé; mais comme ils peuvent profiter de ses doctrines, tout ce qui est immoral dans ce parti, apportera à l'auteur un tribut solennel de flagornerie, pour se servir de lui au besoin. Ils lui proposeront, s'il le faut, de le porter en triomphe.

Quelques hommes honnêtes, parmi eux,

---

(1) Traité de l'éducation, titre *des Maîtres*, page 125.

pourront peut-être se laisser surprendre, mais beaucoup d'autres seront ramenés par la connaissance des doctrines avec lesquelles on veut réellement gouverner.

Je n'ai pas besoin de parler de ceux qui, en servant Dieu, aiment à la fois leur Roi et leur pays ; des hommes qui se plaisent dans le calme et qui gémissent de tout ce qui tend à semer le trouble. Ceux-là ne s'amusent pas à créer des chimères ; ils ne se croient pas les moyens ni le droit exclusif de gouverner le monde ; ils l'attendent de ceux à qui le souverain législateur en a confié le pouvoir ; ils jetteront l'ouvrage dans la boue, et ils déploreront l'égarement de son auteur.

J'ai peu à m'occuper des moyens que réclame le Mémoire ; je ne connais aucune règle de droit public ou privé qui fournisse le principe d'une action, ni au simple citoyen, ni même à la partie publique, dans un semblable cas : aussi, n'est-ce pas là ce qu'il demande.

Et d'ailleurs, moi aussi, j'ai confiance que notre Roi, nos magistrats, nos prélats, en un mot, tous les délégués de Dieu et du Souverain pour nous diriger, ne nous entraînent pas au précipice, et que, quoique lancé sur une mer orageuse, entouré d'esprits qui soufflent la tempête, le vaisseau de l'État arrivera heureusement au port.

Si des hommes de bonne foi veulent connaître l'état de la France, sous le rapport des libertés de l'église, qu'ils lisent l'ouvrage d'un homme dont les paroles furent toujours dictées par l'accord de la science et de la vertu, de la vérité et de la sagesse ( M. Frayssinous ).

Quant aux résultats du Mémoire, j'ai tout dit. De mauvais livres ont resté : celui-ci, qui a appelé la curiosité publique par un genre qui lui est propre, par des assertions plus que téméraires, ne fera que tomber de plus haut ; il restera sans effet, par l'exagération même de ses doctrines, qui ne laissent plus rien de respectable sur la terre , ni presque dans le ciel.

Tout cela posé, je trouve ma conclusion dans le Mémoire à consulter.

Puisque M. le comte de Montlosier aime son prince et son pays, qu'il abjure ces mauvaises et insoutenables doctrines, et la France, comme son Roi, aimera à retrouver en lui un vieux défenseur de la monarchie.

Puisqu'il est *arrivé à cette première agonie qu'on nomme vieillesse,* qu'il redoute, pour ses cheveux blancs, l'adulation des hommes de parti.

Puisque, suivant lui, *le vieillard repoussé de toutes parts, se réfugie vers Dieu* (ce que ne saurait empêcher la publication de son livre), qu'il mette à profit ses propres maximes; et quand il aura déposé toutes les illusions de l'amour-propre, même avant ce jour inévitable où il faut passer du temps à l'éternité, les hommes de Dieu lui apporteront les lumières et les consolations du christianisme. Il lui importera peu alors que ce soit des jésuites ou des ultramontains, les disciples de Bossuet ou de Fénélon, des missionnaires ou son curé; ce sera toujours les apôtres de la charité évangélique. Ils lui remettront *la paix* dans le cœur, et il rendra gloire à Dieu, *avec les hommes de bonne volonté.*

En bonne conscience et en bon citoyen, voilà ma consultation.

*Un Auvergnat.*